A F T E R G L O W

TRAS EL RAYO

Alberto Blanco

translated by Jennifer Rathbun

BITTER OLEANDER
P R E S S

2011

The Bitter Oleander Press
4983 Tall Oaks Drive
Fayetteville, New York 13066-9776 USA

www.bitteroleander.com
info@bitteroleander.com

ISBN #: 0-9786335-5-5

Library of Congress Control Number: 2011923828

Cover Design and Layout by Roderick M. Martinez

Back Cover Photograph of Alberto Blanco by Juan José Díaz Infante

Distributed in the United States by *Small Press Distribution*
Berkeley, CA 94710-1409
www.spd.books.org

Printed by McNaughton & Gunn, Inc.
Saline, Michigan 48176
www.bookprinters.com

Manufactured in the United States of America

C O N T E N T S

A la raíz del rayo

AFTERGLOW

TRAS EL RAYO

LLAVES

KEYS

CLAVÍCULAS

I

Busca mi rostro entre las rocas,
sigue el único camino posible:
le llaman "El Arco de la Alianza",
le llaman "El Séptimo Rayo".

CLAVICLES

I

Search for my face amongst the rocks,
follow the only possible path:
they call it "The Arc of the Alliance",
they call it "The Seventh Ray".

II

Campanas a lo lejos,
campanas de los montes,
el eco del invierno
duplica las ventanas.

Un becerro enclenque
se muere en el corral.
un toro deslumbrante
contempla la llanura.

Allí donde la acacia
florece al mediodía.
Allí donde germinan
las nubes en el agua.

Guerreros del instante
brillando en la ladera
camino a la vituperada
piedra de la fundación.

II

Bells in the distance,
bells of the mountains,
the echo of winter
duplicates windows.

A failing calf
in the corral dies.
A dazzling bull
contemplates the field.

There where the acacia
flowers at midday.
There where the clouds
germinate in water.

Warriors of the instant
shining on the mountain
road to the scolded
foundation stone.

EL SALMO DE LAS TRANSFORMACIONES

La luna es una cuna de hueso
mecida por la tierra somnolienta,
entre miles y miles de estrellas
prendidas como un radio de lujo.

Magnificencia de la respiración,
la Virgen flota entre botes y velas
mientras un tajo de sol se abre paso
en medio de los cañaverales.

En las amapolas de cobre
cantan los pájaros ultramarinos;
en la espuela de caballero
despunta la fiebre que no cesa.

El fuego se aviva y el humo crece
como las ramas de un árbol planetario.
Los troncos hermanados con el hacha
reciben los últimos rayos.

PSALM OF TRANSFORMATIONS

The moon is a bone crib
rocked by the sleepy earth,
amidst thousands of stars
lit up like a luxury radio.

Magnificence of the respiration,
the Virgin floats between boats and candles
while a sunbeam opens a path
down the middle of the cane fields.

In copper poppies
chant ultramarine birds;
in the knight's spur
spikes the endless fever.

Fire arouses and smoke grows
like the branches of a planetary tree.
Trunks coupled with the hatchet
take on the final rays.

CENTINELAS

I

Amamos el escarabajo de oro
y la perfección de la semilla,
el pájaro de una sola pluma
y el cuarzo recién llovido…

Se pueden escuchar sus lágrimas
en esta minúscula selva.

SENTINELS

I

We love the gold beetle
and the perfection of the seed,
the bird of only one feather
and recently rained upon quartz…

You can hear their tears
in this minuscule jungle.

II

Viste que las estrellas rotas
formaban una montaña,

Y en el interior de la rosa
comenzaba un camino.

Viste que en el cielo había
un inmenso corazón de fuego,

Y una mujer se recostaba
sobre sus alas de agua.

II

You saw that broken stars
formed a mountain,

And in the interior of the rose
a journey began.

You saw that in the sky there was
an immense heart of fire,

And a woman was leaning
on her wings of water.

III

Pasa la bella de los polos
por la calle del tacto
mirando muy atenta
al sol interior.

Su voz me restituye
al ecuador perfecto.

La flor de su relámpago
suspende mi oración.

III

The beauty of the poles passes
by the street of touch
looking very attentively
at the interior sun.

Her voice restores in me
the perfect equator.

The flower of her lightening
suspends my prayer.

IV

Un planeta vivo
en la bóveda palatina.

Un pez encarnado
en el fondo del mar.

Un árbol de oro
en los bosques nacientes.

Una llama viva
en medio del hogar.

IV

A live planet
in the palatine vault.

A crimson fish
in the deep sea.

A tree of gold
in the rising forests.

An open flame
in the hearth.

RAÍZ CUADRADA DE DOS

Cuando llega el rayo
se acaba el encanto
y comienza el tiempo.

Cuando llega el tiempo
termina la concentración
y empieza la pareja.

Cuando llega la pareja
se acaba la duración
y comienza la cosecha.

Cuando llega el otoño
termina la cosecha
y empieza el conocimiento.

SQUARE ROOT OF TWO

When lightning arrives
enchantment ends
and time commences.

When time arrives
concentration concludes
and the couple begins.

When the couple arrives
duration ends
and harvest commences.

When autumn arrives
harvest concludes
and knowledge begins.

LAS JAULAS DE LA CREACIÓN

CAGES OF CREATION

I

Un inmenso cuervo de tinta se desplaza
por la pantalla plateada de la mente:
la estrella que resplandece sobre el mar
levanta con las manos el techo de nubes.

Un gato se acurruca en el reflejo
erizando los brazos de los espectadores.

Un cuchillo corta la luna a la mitad;
una se puede ver y la otra no: el hombre
parece concentrarse en este animal imaginario.

I

An immense raven of ink travels
across the mind's silver screen:
the star that blazes over the sea
raises with her hands the ceiling of clouds.

A cat curls up in the reflection
standing the arms of spectators on end.

A knife cuts the moon in half;
one you can see and the other no: man
seems to concentrate on this imaginary beast.

II

Luna, cristal de melodiosas embajadas,
en la red chapoteante de este espejo
se abotona sus álamos el puente.

Con la ayuda directa del mercurio,
con la sombra blanca del que ignora
la amalgama simétrica del nacimiento
se quiebran los limites causales.

Es el peso constante de los días,
la alianza del amor y su mordedura.

II

Moon, crystal of melodic embassies,
in the dripping net of this mirror
its poplars the bridge buttons.

With direct help from mercury,
with the white shadow of he who ignores
the symmetric amalgam of birth
causal limits break.

It is the constant weight of days,
the alliance of love and its bite.

III

En la duda de siempre se alían los astros,
la voz, el paralelo, su noviazgo…
contemplan azorados la dimensión del huevo
y llevan la noticia hasta el corral.

Sacudidas en su maternidad como un plumero,
las gallinas pisan el polvo de su sombra
y estiran el cuello para escuchar…

Mientras los gallos se alimentan
con la tierra de su corazón.

III

With the same doubt as always the stars join forces,
the voice, its parallel, their engagement…
astonished they contemplate the dimension of the egg
and take news to the corral.

Shaken by their maternity like a feather duster,
hens step on the dust of their shadow
and stretch their necks to hear…

While roosters feed
on the land of their hearts.

IV

En esta mesa se cuadran los orígenes,
la lluvia de promesas primigenia
con el chivo sentado junto al río
y los chiles tirando su semilla.

No es necesario ver el humo de la hoguera
para entender que el cálculo es exacto,
que todos los sueños se confunden.

Los pájaros recostados en la mesa
se asoman a ver la caja de huesos.

IV

On this table origins become square,
the initial rain of promises
with the goat seated next to the river
and chilies dropping their seed.

It is not necessary to see the smoke from the fire
to make sure the calculation is exact,
that all dreams blend into each other.

Birds laid out on the table
lean over to see the box of bones.

V

Jaula de pájaros estruendosos,
el hilo que conforma cada cuarto
quiere punto de fuga y toma perspectiva,
quiere salir del cuerpo y se acomoda.

Microscopio, distancia o telescopio
para ver en las sombras del cenit
una representación de los misterios.

En poco tiempo se hizo una estrella,
después la tiraron a la corriente...
antes de hacerlo, ya se sabía.

V

Cage of clamorous birds,
the thread that shapes every room
wants a vanishing point and gains perspective,
wants to leave the body and makes himself comfortable.

Microscope, distance or telescope
to see in the shadows of the zenith
a representation of the mysteries.

In no time a star was made,
then they threw it into the current...
before doing so, it was already known.

VI

Caen palabras, hojas de vanos intentos,
sin color suficiente, pero la gravedad
todo lo devuelve purificado a la ventana.

Las lilas no ascienden aún a su color,
al concierto de metales evaporados.

Y en los pliegues de las cortinas
una primavera se gesta nuevamente.

Vertida en el cubo de inocencia
la tinta languidece en su papel.

VI

Words fall, leaves of vain attempts,
without sufficient color, but gravity
returns everything purified to the window.

The lilacs do not yet ascend to their color,
to the concert of evaporated metals.

And in the pleats of the curtain
spring grows once again.

Poured into the cube of innocence
ink fades onto its paper.

VII

Contorsión delicada, clavel de vértebras,
de brazos, de rodillas mil veces vistas.

Algo importante me aguarda esta mañana:
la hierba mecida al vaivén de unas columnas,
el cielo de huesos que retumba en el vientre.

Tal vez una miserable carencia de recursos,
un hoyo en la imaginación, mas tal vez
una hermandad robada a las horas del sueño,
al arco voltáico de la feminidad.

VII

Delicate contortion, carnation of vertebrae,
of arms, of knees seen a thousand times.

Something important awaits me this morning:
grass swaying to the compass of some columns,
the sky of bones echoing in the abdomen.

Perhaps a miserable lack of resources,
a hole in the imagination, but perhaps
a brotherhood stolen from the hours of sleep,
from the voltaic arc of femininity.

VIII

En el cielo de forma musculares
flota una dama en partes espléndidas,
almendra absoluta de nuestra soledad.

El padre del alba cruza los brazos
con los ojos cerrados al encuentro,
y con las puras fragancias se deleita.

En el triple cielo de banderas
arde la madre de los días.

VIII

In the sky of muscular forms
floats a lady in splendid parts,
absolute almond of our solitude.

The father of dawn crosses his arms
and with his eyes closed to the encounter,
takes delight in the sheer fragrance.

In the triple sky of flags
burns the mother of days.

IX

A la puerta de los reinos ancestrales
se peina la mujer, saca el pañuelo
y se limpia los ojos frente al espejo.

En esta campo abonado con lágrimas
un ardiente soñador levanta su cosecha.

Como aquella estatua que salió del mar
y abandonó sus alas en la arena,
así mi lado izquierdo se despierta.

IX

At the door of ancestral kingdoms
she combs her hair, takes out a handkerchief
and cleans her eyes in the mirror.

In this field fertilized with tears
a feverish dreamer collects his harvest.

The way that statue emerged from the sea
and abandoned her wings in the sand,
is how my left side awakens.

X

Esta mujer que formada en la arena
se acerca rodeada por las nubes,
es la hija predilecta del fotógrafo.

Su perro estira la orilla del mar,
la muerde, ladra, pero nunca se separa:
he visto tus ojos en las fiestas del sueño.

Tal vez tu cuerpo se deslice sobre las olas,
tal vez tus manos alcancen a hacer llover.

X

The woman formed in sand
approaching surrounded by clouds,
is the photographer's favorite daughter.

Her dog lengthens the shore,
he bites it, barks, but never takes leave:
I have seen your eyes in the dream's festivities.

Perhaps your body slides over the waves,
perhaps your hands manage to make it rain.

XI

Doble mujer mis águilas te quieren
por el brillo sideral de tu cabeza,
por la alberca nocturna de tus ojos.

El viento del sur depositó en tu rostro
esa gota serena que me desconcierta
prescindiendo por completo de sombra.

¡Que tu dedo remonta su barcaza!
¡Que tu mirada les acaricie las plumas!
¡Que tu trenza perdone mi osadía!

XI

Two times a woman my eagles love you
for the sidereal glow of your head,
for the nocturnal pool of your eyes.

The southern wind deposited in your face
that serene drop that disconcerts me
entirely lacking a shadow.

May your finger return to its barge!
May your gaze caress the feathers!
May your braid pardon my boldness!

XII

Dan a la pura imagen, sirena del juego
los buenos días sin cielo de materia.

Hoy que el sol se columpia de tu pecho
y la luna se resbala por tu cola.

Se escucha una canción en relieve
que destila una infinita melancolía.

Cuando los dos rostros se juntan
aparece la llama nuevamente.

XII

They give to the mere image, siren of the game
greetings without sky of matter.

Today the sun swings from your breast
and the moon slides down your tail.

You can hear a song in round
distilling an infinite melancholy.

When the two faces come together
the flame appears once more.

XIII

Despiertan los gemelos del océano
compuestos por todo lo que falta
para lograr ese tono que alcanza
la cabal armonía de unos rasgos.

Tan sólo son lo que parecen,
no dicen ni piensan otra cosa;
sus cuerpos son de luz y son marinos
que jamás han pisado ningún puerto.

XIII

The twins of the ocean awaken
composed of everything that remains
to achieve this tone that reaches
the worthy harmony of a few strokes.

They are only what they seem to be,
they don't say or think anything else;
their bodies are light and seamen
who have never set foot in any port.

XIV

Este cubo de música ya es verdad,
estas aspas de cielo capturadas
por la pluma, nos brindan su apellido
familiar, tornasolado, casi real.

El presente se refleja por su cuenta
en la doble hoja de nuestros pensamientos
y extiende un rubor de pájaros templados:
cielo gris y mar azul son sus señores.

XIV

This cube of music is already true,
these wings of sky captured
by the pen offer us their familiar,
iridescent, almost real surname.

The present reflects on its own
in the two sided page of our thoughts
and extends a color of warm weathered birds:
grey sky and blue sea their masters.

XV

En la sociedad del trueno y la persona,
de la máscara y el hilo de la especie,
un sauce azul nace de nuestra tierra:
compone su mapa con aromas sucesivos...

Con gran finura los nervios escoltados,
flexible soledad y limites al aire:

En el limpio entrecejo de las horas
brota la perla unánime de la conciencia.

XV

In the society of thunder and person,
of the mask and the thread of the species,
a blue willow is born of our land:
he composes his map with successive aromas…

With great finesse the escorted nerves,
flexible solitude and limits to the air:

From the clean interbrow of the hours
sprouts the unanimous pearl of conscience.

XVI

Provincias acercadas por el trato
de espejos y semillas, de venados;
en el campo solar el alma llora
por la herida servil y por las astas.

No nos falta la comida ni la luz,
tampoco nos falta calor ni compañía.

Una mano infantil junta la savia,
una flecha del futuro, cae del cielo
la mano y el venado y la otra flecha
lanzada para unir, coser las islas.

XVI

Provinces fenced by the agreement
of mirrors and seeds, of deer;
in the solar field the soul cries
through the servile wound and the antlers.

We do not need food nor light,
nor do we want for heat or company.

An infantile hand gathers sap,
a bow from the future, falls from the sky
the hand and the deer and the other bow
released to unite, sew the islands.

XVII

Por fin al cielo de guardar
coronado por ceibas voluptuosas,
palmas abanicadas por el sol poniente.

Esa clavera que brota de las copas
en la meditación sobre la cresta,
es la muertecita que llevamos dentro.

Nos vamos siguiendo los pasos de cerca;
en su falda se desbarata el mundo,
de su rebozo la muchedumbre se desprende.

Después llegan otras criaturillas
y reconstruyen nuestra vida.

XVII

Finally to the kept sky
crowned by the voluptuous ceibas,
palms fanned by the setting sun.

This skull that sprouts from the treetops
in meditation over the crest,
is the little death we carry within us.

We go closely following their steps;
in its skirts the world falls apart,
a crowd parts from its shawl.

Later, more offspring arrive
and reconstruct our life.

XVIII

Ser de palabra
en esta casa con llave.

La dicha en construcción pares encierra:
menudos visitantes que bailan con locura
hartos de sí mismos, embriagados ya
por un licor de guerras imposibles.

Lo mismo para la tierra que para el aire,
para el agua que vela y para el fuego,
el sol bilateral nos guiña un ojo,
nos manda su quinqué y obedecemos.

Nos manda testimonio.
Ya está dado.

XVIII

To be made of word
in this house with locks.

The fortune in construction encloses pairs:
common visitors that dance with insanity
fed up with themselves, already inebriated
with a liquor of impossible wars.

The same for the earth as for the air,
for the water that keeps vigil and for the fire,
the bilateral sun winks at us,
it sends us its oil lamp and we obey.

It sends us testimony.
It is already given.

VELAS

CANDLES

EVA DÉJÀ VU

I

Fresca aura
del horizonte vertical,
nuestros nombres se ponen a cantar:
son largos sueños solitarios…
ave y nada…

Son un tren que se abre paso
entre las montañas de los que fuimos.

EVA DÉJÀ VU

I

Fresh aura
of the vertical horizon,
our names begin to sing:
they are long solitary dreams…
bird and nothing…

They are a train forging a path
between the mountains of what we were.

II

Bellas formas
en presencia de bellas formas.

La noche del estribo
nos da luz verde para compensar.

Bella formas
en presencia de bella formas.

Hierba silvestre
y el humo en los capullos.

II

Beautiful forms
in the presence of beautiful forms.

The night of the stirrup
compensates us with green light.

Beautiful forms
in the presence of beautiful forms.

Wild grass
and smoke on the flower buds.

III

La imagen vela
mientras el sol reposa.

¿En que tierra, madre silenciosa,
corren las nubes a su fugaz propósito?

Estamos aquí desde siempre
en el agua del corazón,
al centro del lago.

Junto a la fuente que amor
gobierna, sostiene, luce.

III

Images watch
while the sun rests.

In what land, silent mother,
do clouds run to their fleeing purpose?

Forever we have been here
in the water of the heart,
in the middle of the lake.

Next to the fountain that love
governs, sustains, shines.

IV

Entre los polo de la sensación
una corriente palpita:

Verdades en el agua,
peces de la delicia.

En un momento se extiende
el abanico del sueño…

Somos un viento,
un soplo que tiembla
con la puesta del sol.

IV

Between sensation's poles
beats a current:

Truth in the water,
fish of delight.

In a moment unfolds
dream's fan…

We are wind,
a gust that trembles
with the sunset.

LA ETERNA COMPAÑERA

I

Lágrimas de amor
en el vaso congelado
por tanta maravilla:

Este hilo, un punto apenas,
es el fuego del alma.

Este verano transparente,
la savia más la flor.

Hazme llorar en el agua
cenizas –le dije– veme
en otro estado de reflexión.

ETERNAL COMPANION

I

Tears of love
in the glass frozen
by so many wonders:

This thread, barely a point,
is the fire of the soul.

This transparent summer,
the sap plus the flower.

Make me cry in the water
ashes −I told her− look at me
in another state of reflection.

II

Tú me lo recuerdas:
por vivir no te he escrito.
Mariposa nocturna,
mitad hombre, mitad mujer.

Reloj de arena
que palpita en las sienes,
tú me lo recuerdas.

El miedo es un foso
que rodea el cuarto oscuro
—todo lo que se necesita—

es un abrigo de palabras
contra la soledad del mundo.

II

You remind me of it:
life has kept me from writing.
Nocturnal butterfly,
half man, half woman.

Sand clock
that throbs in the temple,
you remind me of it.

Fear a grave
that surrounds the dark room
—everything you need—

is a coat of words
against the world's solitude.

III

Te respeto por esto:
la casa en silencio,
la claridad en las ventanas,
y esa calle que vela
los mansos jardines.

Porque hay días más largos…

Pero mientras tú duermes
perdida en la memoria,
yo vago reconcentrado
en los ojos de las aves,
y en los barcos de huesos
labrados en las moscas.

Yo vago en plena noche
con una lámpara encendida.

III

I respect you for:
the house in silence,
clarity in the windows,
and that street that watches
the gently flowing gardens.

Because there are much longer days...

But while you sleep
lost in memory,
I wander focused
on the eyes of birds,
and on the boats of bones
carved in flies.

I wander at full night
with a lit lamp.

IV

Veo brillar tu corazón
lo veo resplandecer
en medio de un muro
cromático y templado.

Busco refugio en la música
y en el silencio encuentro
murmullos más intensos.

Puedo ver en tus ojos
una playa desierta y un sendero
virgen de palabras.

Bella del aire, escucha…
Bella del mar, recuerda…
hay señales clarísimas
—pero inexpresables—
que laten al ritmo
de las almas gemelas.

IV

I see your heart shine
I see it glitter
in the middle of a wall
chromatic and tuned.

I look for refuge in the music
and in silence I find
the most intense murmurs.

I can see in your eyes
a deserted beach and a path
unspoiled by words.

Beauty of air, listen…
Beauty of sea, remember…
there are clear signs
–but inexpressible–
that beat to the rhythm
of twin souls.

PASTORA DE MARZO

I

Una vez por la fortuna
y la belleza, una mañana
sola, como el amor exige:

(Precisamente allí
después del amanecer)

Con la cadena de plata
y una ondulación perfecta
pasaste para mi consolación.

Vi tu luz alzarse
en medio de anónimas cabezas,
el eco de tu perfil…

Y esa sombra azul
que tanto recuerda el cielo
sobre los párpados.

MARCH SHEPHERDESS

I

Once by fortune
and beauty, one morning
alone, like love demands:

(Precisely there
after sunrise)

With the silver chain
and a perfect undulation
your passing by consoled me.

I saw your light rise
among anonymous heads,
the echo of your profile…

And that blue shadow
that looks so much like the sky
over your eyelids.

II

Seguí el arroyo
balanceado por tus piernas,
suaves hombros
matizados por la hora.

El tallo de la llama
tan recto y tan flexible;

la espalda tan graciosa
bajo la tela escarlata.

Y al volver la cabeza:
rayos de sol entre la paja…
la cintura se adivina
breve tras la blusa roja.

II

I followed the stream
balanced by your legs,
smooth shoulders
shaded by the hour.

The sprout of the flame
so straight and so flexible;

the back so gracious
beneath scarlet silk.

And upon turning your head:
rays of sun between the hay…
the waist barely
visible through the red blouse.

III

Ojos brillantes
que el amor enciende
con el filo dorado
floreciendo en la copa,
y las puntas de coral
que coronan la mano.

Sueños de pequeña luz
y renovación del pacto:
sobre la llama doradora
pulimos las iniquidades.

Flechas de fuego y una sortija
para complacer a las miradas.

III

Brilliant eyes
that love ignites
with the golden blade
flowering at the stem,
and coral tips
that crown the hand.

Dreams of small light
and renewal of the pact:
over the golden flame
we embellished the iniquities.

Arrows of fire and a ring
to please the gazes.

IV

Quise pensar
que no eras amada como merecías.

Quise pensar de todas formas
que tú sí conocías el amor…

Por la palma de la paciencia
y las pestañas pesadas por la sombra.

Por la espiga del sol naciente
y los arcos recién pintados
bajo los cuales me demoraba.

La sonrisa provocadora
seguida de ese gesto que dice:
"no es tiempo todavía".

IV

I wanted to think
you were not loved as you deserved.

I wanted to think anyway
that you did know love…

For your palm of patience
and your eyelashes heavy from shadow.

For the spike of the rising sun
and the recently painted arches
beneath which I took my time.

The provocative smile
followed by that gesture that says:
"it's not time yet".

INSTANTÁNEA

I

El amor apunta
al centro de la balanza.

El corazón de la noche
pesa en el horizonte.

Un peine de pájaros
para la cabellera boreal.

INSTANTANEOUS

I

Love points
to the center of the scale.

The heart of night
weighs on the horizon.

A comb of birds
for the boreal tail.

II

Las ventanas son
la llave para el hombre.

En sus cristales
un cielo se derrama.

Olas imaginarias
para la gaviota del sueño.

II

Windows are
the key for man.

In their crystals
a sky spills.

Imaginary waves
for the seagull of dream.

III

Arriba las antorchas,
es cierto:

Los puntos luminosos
del sol y las estrellas
han tendido una red;

Pero es claro
que la oscuridad domina.

III

The torches above,
    it's true:

The luminous points
    of sun and stars
    have laid a netting;

But it's clear
    obscurity dominates.

IV

Sensación:
penetra en el reposo.

Sentimiento:
penetra en el placer.

Intuición:
placer en movimiento.

Pensamiento:
principio de la acción.

IV

Sensation:
penetrates rest.

Feeling:
penetrates pleasure.

Intuition:
pleasure in movement.

Thought:
beginning of action.

TRAS EL RAYO

AFTERGLOW

I

Primera llamda: se desdobla el espejo,
vibra, se extiende…recorre su calzada
de ancestros milimétricos y mira
la misma dedicatoria de siempre:
        a raíz del rayo

Rueda la luna de yeso
y los niños levantan el vuelo
con la ropa blanqueada en apariencia.

Parvadas muy antiguas son éstas,
cansadas de gritar su nombre,
cansadas de tirar su alambre
plateado de saliva.

I

First call: the mirror unfolds,
vibrates, extends…runs its path
of millimetric ancestors and sees
the same dedication as always:
  to lightning's roots

The ceramic moon rolls
and the children take flight
with their clothing whitened in appearance.

Very ancient flocks are these,
tired of shrieking their names,
tired of drawing their wire
silvered with saliva.

II

Son rayas de gis
en puerta abierta,
son niños que juegan
delante de los ojos...

Un yunque en reposo
y una herradura en movimiento,

Son los caballos rojos
y los montes nevados de felicidad.

¡Que se prenda el incienso!
¡Y el fuego del norte!

Que el hogar esté listo
con la brasa inviolable presente
para poder captar este momento
en las ventanas encendidas
y en los frutos mismos
de la imaginación.

II

They are rays of chalk
in an open door,
they are children that play
in front of the eyes...

An anvil in repose
and a horseshoe in motion,

Red horses and the snow
covered mountaintops of happiness.

May incense be ignited!
And the northern fire!

May the house be ready
with inviolable embers present
to capture this moment
in the blazing windows
and very fruits
of the imagination.

III

Segunda llamada:
corrientes sutiles.

Con dolor ha entendido
que toda vía es tiempo.

Con los sueños comprende
la predestinación de su trabajo.

El anagrama de la roya
en campos sembrados de café.

¡Qué larga travesía por el cuerpo
para llegar a ofrendar esta semilla!

Sobre la múltiple materia consumada
floridos estandartes en acción.

Tambor de doble pétalo,
un pueblo al otro lado del mar.

Hasta aquí llegaba la frontera:
su nombre es la clave.

III

Second call:
subtle currents.

With pain has understood
that there is still time.

With dreams comprehends
the predestination of his work.

The anagram of mildew
in fields sown with coffee.

What a long journey through the body
to reach the offering of this seed!

Over the multiple consumed matter
flowered banners in action.

Double petal drum,
town on the other side of the sea.

The border reached up to here:
its name the key.

IV

Aquel que avanza por el sueño
es como una piedra con alas,
es como un meteoro…

Un hoyo negro lo recibe:
listón de doble filo,
carnal de vastedades.

Allí el niño se acuna,
su tronco se hace hueco
en la luna transparente.

Su pequeña calavera de cristal
viene rodando por la noche,
¡quiere dar la hora!

Por el cielo momentáneo
se asoma la procesión
de espesos magueyes
y estrellas aromáticas.

IV

He who advances through the dream
is like a rock with wings,
like a meteorite...

A black hole receives him:
a two sided ribbon,
brother of vastness.

There the child rocks himself,
his trunk becomes hollow
in the transparent moon.

His tiny crystal skull
comes rolling through the night,
he wants to strike the hour!

In the momentary sky
the procession appears
thick with magueys
and aromatic stars.

V

Se ha formado el óvalo y se nace
con la cuádruple dimensión
del que está desprendido
cayendo para siempre
a la noche del atrio.

Hacia el astro que rueda
debajo de la puerta.

Cayendo para siempre
al zaguán de la quinta.

Hacia de tapete doblado
como una vieja pasión.

El polvo del camino
y el vaso más la sed
no son ya la fijeza:
los vitrales del sol.

V

An oval has formed and is born
with the fourth dimension
from which it detaches
always falling
toward the atrium's night.

Towards the star that rolls
beneath the door.

Always falling
toward the villa's entrance.

Towards the folded rug
like an old passion.

The dust of the path
and the glass plus the thirst
are no longer steadfast:
the stained glass of the sun.

VI

Mas la distancia menosprecia un astro,
termina su labor y emprende el viaje.

Los esqueletos cromados flotan
junto al foco pelón de la luna.

Un grito en la oscuridad
rompe la concha ensimismada.

¡Se están robando el reloj!
¡Se están birlando los planetas!

Hay una sonrisa en el mundo
que se vuele mueca…

Hay un hombre sentado en el muelle
que no tiene prisa por volver.

¿Serán las puras matemáticas
de las consabidas ilusiones?

Tercera llamada: ¡Comenzamos!

VI

But distance underestimates a star,
finishes its work and sets out on its journey.

Chrome plated skeletons float
next to the moon's naked light.

A cry in the dark
breaks the shell lost in thought.

They are stealing the clock!
They are snatching the planets!

There is a smile in the world
that turns to a grimace…

There is a man seated on the dock
that is in no hurry to return.

Is it the pure mathematics
of well-known illusions?

Third call: let's begin!

VII

Me he llamado en el desierto
y he venido, he aparecido.

En las minucias de la hormiga
y en las calzadas cardinales
del sacrosanto espacio.

Abeja de lo invisible,
tu hormiga te saluda.

Tu pueblo quiere volar
en medio de esas azucenas,
dejarse llevar del aire
al oriente de panal.

Redobles magistrales
para que mi unión se prenda,
para que el reflector aislado
desaparezca en el sol.

VII

I have called out my name in the desert
and I have come, have appeared.

In the trifles of the ant
and in the cardinal pathways
of the sacred space.

Bee of the invisible,
your ant greets you.

Your people want to fly
in the midst of these white lilies,
letting air carry them away
to east of the hive.

Magistral drumrolls
so that my union ignites,
so that the isolated searchlight
disappears in the sun.

VIII

Contempla el horizonte,
contémplate de nuevo...

Eres el acto en el acto.

Buenos cielos rodando a discreción
y malos cielos cuando el cielo es malo.

Hubo una vez un ascensor
según la ley de las octavas,
hubo una vez una escalera.

Y aunque los nombres se repiten
se eleva en la obra negra
la posición del espectador.

La espiral recobra su velocidad
mientras que duerme la tierra.

He llegado a la cita
del mundo y sus sentidos.

VIII

Contemplate the horizon,
contemplate yourself anew...

You are the act in the act.

Good skies rolling towards discretion
and bad skies when the sky is bad.

Once there was an elevator
according to the laws of octaves,
once there was a staircase.

And although the names repeat
opus nigrum elevates
the spectator's position.

The spiral recovers its velocity
while earth sleeps.

I have arrived at the rendez-vous
of the world and its senses.

IX

Parezco el más blanco,
pero mis sombra es engañosa.

Dejo que las casas queden
plácidamente rumiando
su dosis de figura,
su sol aderezado.

La soledad de mis visiones
se pone de acuerdo con el viento
y con la fluidez de las montañas.

Mi campo de acción crece
con la virtud geométrica
de las nubes amarillas.

Alguien más fue visto en este sueño,
pero el rumor que agitaba los maizales
no permitió conservar ningún recuerdo.

IX

I look the whitest,
but my shadow is deceiving.

I allow the houses to remain
placidly mulling over
their figure's doseage,
their adorned sun.

The solitude of my visions
reaches an accord with the wind
and the fluidity of mountains.

My field of action grows
with the geometric virtue
of yellow clouds.

Someone else was seen in this dream,
but the rustle that agitated the corn field
did not permit conserving any memory.

X

Muy lejanas voces anuncian
el rápido galope del deseo.
Te abres paso mientras alzan
las densas cortinas del numero.

Ves arenas de claridad:
el ámbar de la mujer pequeña
en comparación con la plenitud
del–arco–siempre–visto,
la–cuerda–siempre–viva.

Aquí los placeres sostienen
la carpa tenaz del pensamiento.

¡Viva la voluntad de la polea!
porque es capaz de sacar del pozo
esas oleosas imágenes que medran
en la oscuridad del agua.

X

Very distant voices announce
the rapid gallop of desire.
You make way while they raise
the heavy curtains of the number.

You see sands of clarity:
the amber of the small woman
in comparison with the plenitude
of the–arch–always–seen,
the–chord–always–live.

Here pleasures sustain
the tenacious tarp of thinking.

Long live the will of the pulley!
because it is capable of drawing from the well
these oily images that prosper
in the water's darkness.

XI

Ha de durar todo esto tanto
como ha durado ya, tal vez…
y has de cruzar este desierto
comiendo lumbre, bebiendo arena,
pero el temor al sufrimiento
no encuentra todavía su meta.

Cristales de colores
son tus constantes afectos,
pues permanece el verano
y un ruido en el jardín.

Varios mundos al brillante del ojo
para que un hombre encienda cada noche
en tu cielo marino los cometas.

XI

It should last all that long
like it has already lasted, perhaps…
and you will have to cross this desert
eating fire, drinking sand,
but the fear of suffering
has not yet reached its goal.

Crystals of colors
are your constant affections,
then summer remains
a noise in the garden.

To the eye's diamond various worlds
so that man ignites comets
every night in your marine sky.

XII

Que la vista dilate los muelles,
que desembarque formas en el tacto.

Arcoíris: llama en la llovizna
balbuceando los nombres de la luna
se forma y se desforma en el jardín.

Aquí donde las estrellas vibran
en las crines de la hierba,
y en el mar inconcebible
por falta de fronteras.

No es cierto, no es cierto
que el agua crece de perfil,
que la luna crece de costado.

Aquí estás y todo es único:
el adiós y la gota de sangre
que constela esas medias negras.

Has sabido remendarte las alas,
vestir al último grito de la vida.

XII

May sight expand the piers,
may forms of touch disembark.

Rainbow: flame in the drizzle
mumbling the names of the moon
appears and disappears in the garden.

Here where stars tremble
over the grass' mane,
and the inconceivable sea
for lack of borders.

It is not true, it is not true
that water grows by profile,
that the moon grows on her side.

Here you are and everything is unique:
the farewell and the drop of blood
that stars those black stockings.

You have known how to mend your wings,
dress the last cry of life.

XIII

Después de tanto atardecer
nos queda sólo una vasija rota.

Más allá del dolor y de la mina
éste es nuestro patrimonio:
le serie de abetos crecidos
en la casa de cuatro pilares.

En la primera puerta hay un rosal.

Padres antiguos en la tierra
cuadrada por los vientos
y por los ángeles que riman
la llave del rayo...

Vidas breves, deseosas,
en el libro imaginario del mundo.

Láminas de buenas intenciones
cifradas en la simetría
de su propia locura.

XIII

After so much evening
we have but one broken vessel.

Beyond the pain and the mine
this is our patrimony:
a row of grown firs
in the house of four pillars.

By the first door is a rose bush.

Old parents in the earth
squared by winds
and angels that rhyme
the key to the lightning...

Short, eager lives,
in the imaginary book of the world.

Engraved plates of good intentions
encoded in the symmetry
of its own madness.

XIV

En este sentido la madre
se confunde con el paisaje.

Es la segunda, Nuestra Señora,
la luna de todos los instantes.

Alta, potente y solitaria
como toda fruta a la deriva
en el agua redonda del mantel.

¿Qué patrones sostienen el proyecto?
¿Qué salvamos, si es algo lo que resta?

Queda la luz que afila los espejos
y las hondas voces del encuentro.

Queda la doble guinda que vela
como una ventana transcendida,
separada ya de nuestro sueño.

XIV

In this sense the mother
disappears into the landscape.

It is the second one, Our Lady,
the moon of all the instants.

Tall, powerful and solitary
like every fruit adrift
in the round water of the cloth.

Which patrons support the project?
If there is something that remains, what can we save?

The light that hones the mirrors
and the deep voices of the encounter remain.

The double sour cherry remains
like a transcended window,
separated already from our dream.

XV

La tercera es la voz,
con la cuerda que amarra
a las plantas y al viento.

Un faro fiel, inexplicable,
¿pasos sucesivos? …¡simultáneos!
Disolventes al ritmo del relámpago.

Podemos oler aquellos bosques
que reverdecen al fondo del taller.

El humo de la estopa quemada
en el aire enrarecido de la raza,
y el corazón prismático del ocaso
y nuestra bien nutrida fragilidad.

XV

The third one is the voice,
with the cord that strings
the plants to the wind.

A faithful beacon, inexplicable,
successive steps?...simultaneous!
Dissolved in the rhythm of lightning.

We can smell those forests
that turn green again at the back of the workshop.

The smoke of burnt burlap
in the rarified air of the race,
the prismatic heart of the sunset
and our well nourished fragility.

XVI

Tenemos que hablar,
como siempre sucede,
de la herida terrible
y los múltiples atajos
de la vida y la muerte.

Las nubes se aprietan,
los montes saltan a la vista.

Las flores nos hablan por las piedras,
las piedras nos hablan por los ojos
y por las dispersas islas
del desafío social.

El campo se curva de dolor
con el llanto constante de los muertos.

Está lloviendo y no queremos volver.

XVI

We have to talk,
as always,
about the terrible wound
and the multiple short cuts
of life and death.

Clouds compress together,
mountains spring into view.

Flowers talk to us through the rocks,
rocks talk to us through the eyes
and disperse islands
of social defiance.

The field curves with pain
with the constant cry of the dead.

It is raining and we have no wish to return.

XVII

Si estamos divididos
no estamos todos.

Hay un ritmo en las nubes,
hay un ritmo en el viento.

Pasan las mujeres flotando
sobre los campos de cultivo.

Las puertas quedan abiertas
a su debido espacio…

Los gallos plateados
cantan al otro lado del espejo.

El cielo es una hipótesis,
un reflejo de la bóveda mental:

Si estamos divididos
no estamos todos.

Reconoce pues las figuras
que se desprenden del relato.

XVII

If we are divided
we are not all here.

There is a rhythm in the clouds,
there is a rhythm in the wind.

Women pass by floating
over the crop fields.

Doors stay open
in their due space…

Silvered roosters
chant to the other side of the mirror.

The sky is a hypothesis,
a reflection of the mental firmament:

If we are divided
we are not all here.

Recognize the figures then
that emanate from the tale.

XVIII

Tuvimos que entrar a la batalla
en la contrariedad de los caminos:

Los cuadros blancos
y los cuadros negros.

Tomando la doble hacha
por el mango de encino,
a contracorriente navegamos
en las ondulaciones del azar.

Nuestras pruebas nunca fueron
los controles del mundo.

Aquí se acaba la danza,
la locura recobrada, merecida,
pues igual quita la luz
una sombrilla blanca que una negra.

Mientras el disco de la luna
sigue girando bajo el diamante…

Los presentes defienden
la roca del siglo.

XVIII

We had to enter into battle
in opposition of the paths:

The white squares
and the black squares.

Taking the double hatchet
by the oak handle,
we navigate against the current
in the waves of chance.

Our reasons were never
the controls of the world.

Here the dance ends,
the recovered, deserved insanity,
a white sunshade blocks light
as well as a black one.

While the disc of the moon
continues to spin beneath the diamond...

Those present defend
the rock of the century.

T R A N S L A T O R ' S   N O T E

Tras el rayo/ Afterglow offers the bilingual and English readers the opportunity to experience the true sense of continuity and beauty in the verses of acclaimed Mexican poet Alberto Blanco. As his first collection to be translated in its entirety the reader can finally appreciate the expertise and intimacy with which this author constructs his verses into poetic masterpieces. The musical, visual and conceptual sequence of the poems constructs each section. Similarly each section relates to the others and the book can be perceived as a whole artistic unit, and not only as a collection of poems.

This translation was a complete immersion into Blanco's lyrical expression and a pursuit of the moment of creation that completely absorbed me. Its complexity of language and imagery sent me in pursuit of its expression in English. The poet's mastery of verse created multiple layers of interpretation in each individual word at times as well as in each poem and in the collection as a whole. Finding the proper equivalent to capture the distinctive plurality in these poems was my biggest challenge.

Tras el rayo/ Afterglow is an intense and satisfying volume and I am forever grateful to Alberto Blanco for affording me this unique opportunity to work with him in the translation of his poetry. I would also like to offer my sincere gratitude to all who have been instrumental in the creation of this bilingual poetry book and in particular to Paul B. Roth, editor of The Bitter Oleander Press, who has been an invaluable resource to me on this project.

Jennifer Rathbun
Delaware, OH
March 25th, 2011

BIOGRAPHICAL NOTE

Alberto Blanco, in addition to being one of the most recognized contemporary Latin American poets, is also an essayist, translator, musician, and visual artist. Born in Mexico City in 1951, he studied chemistry and philosophy at Universidad Ibero Americana and Universidad Nacional Autónoma de México, and he worked on a Master's degree in Asian Studies, specializing in China, at the Colegio de México. His first published poem was in 1970, the same year as his first music band, and six months before his first illustrated publication. He was co-editor and designer of the poetry journal, *El Zaguán* (1975-1977), and was awarded grants from the Centro Mexicano de Escritores (1977), from Insituto Nacional de Bellas Artes in 1980, from Fondo Nacional para la Cultura y las Artes in 1990, the Fulbright Foundation in 1991 and the Rockefeller Foundation in 1992. In 1994, he was accepted into the Sistema Nacional de Creadores in México, and in 2001, he received the Octavio Paz Poetry Award. In 2008, he was awarded a grant from the Guggenheim Foundation.

Blanco's literary work is both abundant and multifaceted. His poems, as W. S. Merwin commented in *A Cage of Transparent Words*, an anthology published in 2007 by The Bitter Oleander Press: "are at once intimate, spacious, and rooted in the rich ground of Mexican poetry." By the same token, José Emilio Pacheco in *Dawn of the Senses*, the anthology of his poetry published in 1995 by City Lights, said that Blanco has achieved "one of the most extensive, original and diversified bodies of new poetry written in Spanish."

Blanco has published twenty-seven books of poetry in Mexico and another eight in other countries. Also, ten books of his translations of the work of other poets and some favorites for children which have been illustrated— most of them—with his wife Patricia Revah's textiles. His work has been translated into more than a dozen languages.

To date, Blanco has published more than sixty books and another twenty books of translations, anthologies, and illustrated books—as well as eight hundred articles and shorter publications. In Mexico and in other countries, more than two hundred essays, reviews, and commentaries have been published about his work, as well as fifty interviews. His poems are included in at least eight anthologies and have also been the subject of several master's theses and doctoral dissertations. Furthermore, they are included in a dozen dictionaries and textbooks. This is to say that his publications number twelve hundred or more.

In 1987, Blanco was awarded the "Carlos Pellicer" Prize for Poetry for his book, *Cromos*, and in 1988, the José Fuentes Mares Prize for *Canto a la sombra de los animales*, a collection of poems with drawings by Francisco Toledo. In 1996, *También los insectos son perfectos* was recognized on the Honor's List of the International Board on Books for Young People in Holland. Blanco was awarded the "Alfonso X el Sabio" prize from San Diego State University for excellence in literary translation in 2002. And in 2010, he was a candidate for the prestigious Hans Christian Andersen Prize.

Blanco has worked with many painters, sculptors, and photographers, and his essays regarding the visual arts have been published in many catalogs and journals. In 1998, these essays were published by the Consejo Nacional para la Cultura y las Artes in a volume called *Las voces del ver*. This book became the basis for a television series comprising eleven programs on Channel 22 in Mexico City. A new edition, revised and augmented, will be published in two volumes this year with the title, *El eco de las formas*.

As a visual artist, in 1962, at the age of eleven, Blanco was awarded first place in a contest held by Prismacolor throughout Mexico in elementary schools. Later, in the early 1970's, he studied printmaking at El Molino de Santo Domingo, and he began to show his work in the Salones Nacionales in the early 1980's. He has had five one-man shows and several more in collaboration with other artists. His work has been shown in more than twenty collective exhibits. This year—2011—The Atheneaum, in La Jolla, California, held a retrospective exhibition of his artist books, comprising four decades of visual work for which there is an extensive catalog.

As a musician, Blanco is a pianist and composer. And, in the early 1970's he played in a rock band called "La Comuna." Later, in the 80's, he formed a group that performed rock, jazz, and experimental music called "Las Plumas Atómicas." In 1994, the University of Guadalajara issued his CD, *El libro de los pájaros*, with music composed by Armando Contreras, Salvador Torre, and himself. There is a blog with his poems dedicated to rock music, *Paisajes en el oído*: http://paisajeseneloido.blogspot.com/

Although Blanco has dedicated himself completely to poetry, music, and the visual arts and has not been a career academic, he has held various appointments as a visiting professor. From 1993-1996, he was a Professor of Creative Writing at the University of Texas in El Paso (UTEP). In 1998 and 1999, he was a Distinguished Guest Professor of Spanish at San Diego State University. In 2007, he was awarded an endowed chair, the Knapp Chair, at the University of San Diego (USD) in the Spanish Department. And in 2009 and 2010, he taught at Middlebury College in Vermont as well as at the University of California, San Diego.

He currently resides in Mexico City.

B I B L I O G R A P H Y

Books of Poetry (published in Mexico):

Giros de faros, Colección Letras Mexicanas, Fondo de Cultura Económica, Mexico, 1979. Second Edition, Fondo de Cultura Económica, Mexico, 1985.

El largo camino hacia Ti, Cuadernos de Poesía, Universidad Nacional Autónoma de México, Mexico, 1980.

Antes De Nacer, Libros del Salmón, Editorial Penélope, Mexico, 1983.

Tras el rayo, Cuarto Menguante Editores, Guadalajara, 1985.

Cromos, Colección Tezontle, Fondo de Cultura Económica, Instituto Nacional de Bellas Artes and Secretaría de Educación Pública, Mexico, 1987.

Canto a la sombra de los animales, in collaboration with the Mexican artist Francisco Toledo, Galería López Quiroga, Mexico, 1988.

El libro de los pájaros, Ediciones Toledo, Mexico, 1990.

Materia prima, El Ala del Tigre, Universidad Nacional Autónoma de México, Mexico, 1992.

Cuenta de los guías, Ediciones Era, Mexico, 1992.

Amanecer de los sentidos, a personal anthology, with a presentation by Alvaro Mutis, Lecturas Mexicanas, Third Series, Num. 79, Consejo Nacional para la Cultura y las Artes, Mexico, 1993.

El corazón del instante, a reunion of twelve poetry books (*Giros de faros, La parábola de Cromos, Paisajes en el oído, El libro de los animales* — including *Canto a la sombra de los animales* and *El libro de los pájaros,* — *Tras el rayo, Materia prima, Este silencio, Trébol inverso, El corazón del instante, La raíz cuadrada del cielo, Antes De Nacer*), Letras Mexicanas, Fondo de Cultura Económica, Mexico, 1998.

Este silencio, a book of 68 haikus and 4 tankas, illustrated by Xavier Sagarra, Editorial Verdehalago, Mexico, 1998.

Más de este silencio, a book of 40 haikus, illustrated by Susana Sierra, Ediciones del Ermitaño, Mexico, 2001.

El libro de las piedras, Práctica Mortal, Consejo Nacional para la Cultura y las Artes, Mexico, 2003.

Medio cielo, with illustrations by Felipe Morales, Artes de México and Librería Grañén Porrúa, Mexico, 2004.

La hora y la neblina, second reunion of twelve books of his poetry, Colección Letras Mexicanas, Fondo de Cultura Económica, Mexico, 2005.

Música de cámara instantánea, 52 poems dedicated to contemporary music composers, Cuadernos de Pauta, Consejo Nacional para la Cultura y las Artes, Mexico, 2005.

Books of Poetry (Published outside Mexico):

Dawn of the Senses, a bilingual poetry anthology including poems from his previous
    nine books of poetry and some new poems, edited by Juvenal Acosta, and
    translated by W. S. Merwin, Edith Grossman, Eliot Weinberger, Julian Palley,
    John Oliver Simon, Mark Schafer, James Nolan, Jennifer Clement, Robert
    L. Jones, Joanne Saltz, Joseph Pitkin and Reginald Gibbons, City Lights,
    San Francisco, California, 1995.
El origen y la huella/The Origin and the Trace, images by Alberto Dilger, translation by
    Julian Palley, (circa), San Diego, 2000.
De vierkantswortel van de hemel, Gedichten, translation by Bart Vonck, Wagner & Van
    Santen, Holland, 2002.
Pequeñas historias de misterio, illustrated by Luis Mayo, Galería Estampa, Madrid, 2002.
A la lumière de la nuit / A la luz de la noche, with some of his collages translated into
    French by Danièle Bonnefois, Manière Noire Editeur, Vernon, France, 2005.
A Cage of Transparent Words, a selection of poems by Alberto Blanco, bilingual anthology
    with poems from nine of his books, edited by Paul B. Roth and translated
    into English by Judith Infante, Joan Lindgren, Elise Miller, Edgardo Moc-
    tezuma, Gustavo V. Segade, Anthony Seidman, John Oliver Simon and
    Kathleen Snodgrass, The Bitter Oleander Press, Fayetteville, NY, 2007.
Feu nouveau /Fuego nuevo, anthologie de Alberto Blanco, translation by Stéphane
    Chaumet, L'Oreille du Loup, Paris, France, 2009.
Amherst Suite, poesía Hiperión, Madrid, Spain, 2010.

Books of Poetry Translated:

El Dhammapada, El camino de la verdad, with photos by Ana Hernández, Arbol Editorial,
    Mexico, 1981.
El Dhammapada, Las enseñanzas de Buda, Second Edition, with photos by Jorge Vértiz,
    Arbol Editorial, Mexico, 1990.
Allen Ginsberg, a brief anthology, Material de lectura Num. 94, Serie Poesía Moderna,
    Universidad Nacional Autónoma de México, Mexico, 1982.
Emily Dickinson, a brief anthology, Material de lectura Num. 98, Serie Poesía Moderna,
    Universidad Nacional Autónoma de México, Mexico, 1982.
(The translations of Allen Ginsberg and Emily Dickinson have been included in *Los
    grandes de la poesía moderna, Poetas de la lengua inglesa*, Vol. 1 & Vol. 2, Material
    de lectura, Universidad Nacional Autónoma de México, Mexico, 1986.)
Kenneth Patchen, a brief anthology, Material de lectura Num. 116, Serie Poesía Moderna,
    Universidad Nacional Autónoma de México, Mexico, 1986.
Bertolt Brecht: Las visiones y los tiempos oscuros, in collaboration with Pura López Colomé,
    Serie El Puente, Textos de Difusión Cultural, Universidad Nacional Autónoma
    de México, Mexico, 1989.

Ivan Malinowski: El corazón del invierno, in collaboration with Francisco Uriz, Serie los bífidos, El Tucán de Virginia, Mexico, 1991.

Runas para una mesa redonda, poems by W. S. Merwin, Colección Margen de Poesía, Universidad Autónoma Metropolitana, Mexico, 1994.

Más de dos siglos de poesía norteamericana II, bilingual edition, selection, translations, introduction and notes by Alberto Blanco, Serie El Puente, Textos de Difusión Cultural, Universidad Nacional Autónoma de México, Mexico, 1994.

W. S. Merwin: Después de los alfabetos, poetic anthology 1952-1993, including translations by Pura López Colomé and Alberto Blanco, with a presentation by Octavio Paz, W. S. Merwin and Alberto Blanco, Colección Hotel Ambosmundos, México, 1996.

Dhammapada o las enseñanzas de Buda, Fondo 2000, Fondo de Cultura Económica, Mexico, 1997. First edition in Spain, Fondo 2000, Fondo de Cultura Económica, Spain, 1998.

El Dhammapada, El camino de la verdad, Tezontle, with photographs by Pepe Navarro, Fondo de Cultura Económica, México, 2004.

55 poemas de Emily Dickinson, poesía Hiperión, Madrid, Spain, 2010.

Plaquettes:

Pequeñas historias de misterio ilustradas, in collaboration with illustrator Felipe Dávalos, Editorial La Máquina de Escribir, Mexico, 1978.

Triángulo amoroso, Colección Margen de Poesía, Casa del Tiempo de la Universidad Autónoma Metropolitana, Mexico, 1992.

El origen y la huella/The Origin and the Trace, translation by Julian Palley, (circa), San Diego, 2000.

Stele, translated into Swedish by Lasse Söderberg, Lilla Torg, Malmo, Sweden, 2005.

Books of Essays Dedicated to the Visual Arts:

Las voces del ver, 42 essays around the visual arts, Sello Bermejo, Consejo Nacional para la Cultura y las Artes, Mexico, 1997.

Las estaciones de la vista, a dialogue with the artist Vicente Rojo, Ediciones de Samarcanda, Mexico, 1999.

Rodolfo Nieto: Los años heroicos, Círculo de Arte, Consejo Nacional para la Cultura y las Artes, Mexico, 2002.

Vicente Rojo: La música de la retina, Editorial Aldus, Colección Las horas situadas, Mexico, 2004.

Rodolfo Nieto, Dibujos y obra gráfica, Museo de Arte Moderno, Instituto Nacional de Bellas Artes and Consejo Nacional para la Cultura y las Artes, Mexico, 2005.

Cielo y tierra, photographs from India by Jorge Vértiz and poems by Elsa Cross, Colección Luz Portátil, Artes de México and Gobierno del Distrito Federal, Mexico, 2006.

Art Books:

Imágenes y colores de Oaxaca, The State of Oaxaca Government, the Instituto Politécnico
Nacional and Alejo Peralta Foundation, Mexico, 1998.
Siete escultores, Primavera 2000, Fernando González Gortázar, Marina Láscaris, Jesús
Mayagoitia, Paul Nevin, Kiyoto Ota, Ricardo Regazzoni, Jorge Yázpik,
Impronta Editores, Mexico, 2000.
Encuentro de arte español en México, José Manuel Broto, Javier Fernández de Molina,
Josep Guinovart, Francisco Peinado, Albert Ráfols-Casamada, Jose María
Sicilia, Zush, Impronta Editores, Mexico, 2001.
9 x 10 Escultura, poems and sculptures photos by Manuel Felguérez, Vicente Rojo,
José Luis Cuevas, Fernando González Gortázar, Jesús Mayagoitia, Alberto
Castro Leñero, Miguel Angel Alamilla, Jorge Yázpik, Sergio Hernández,
Impronta Editores, Mexico, 2005. *Quince volcanes,* Vicente Rojo and Alberto
Blanco, Impronta Editores, Mexico, 2001.
Miradas en el tiempo, dedicated to the prehispanic art, photographs by Michel Zabé,
Avantel, Consejo Nacional para la Cultura y las Artes and Instituto Nacional
de Antropología e Historia, Mexico, 2005.
Iconos, de Yturbe Arquitectos, Turner, Mexico, 2008.

Anthologies:

Más de dos siglos de poesía norteamericana II, bilingual edition, selection, presentation
and notes by Alberto Blanco, Serie El Puente, Textos de Difusión Cultural,
Universidad Nacional Autónoma de México, Mexico, 1994.
El hombre: imagen y semejanza, a collection of human being definitions written by
poets, edited by Alberto Blanco, Editorial Planeta, Mexico, 2003.

*   *   *